Ce livre appartient à

Le Petit Chaperon rouge

D'APRÈS

W. et J. Grimm

ILLUSTRATIONS

Elizabeth Miles

Mango

Adaptation Jennifer Greenway
Traduction Ariane Bataille

Dépôt légal : janvier 1997
ISBN 2 7404 0254 6
Impression Publiphotoffset - 93500 Pantin

Le Petit Chaperon rouge

Il était une fois une petite fille qui s'appelait le Petit Chaperon rouge. On l'avait surnommée ainsi car elle était toujours vêtue d'un manteau et d'une capuche de velours rouge que lui avait confectionnés sa grand-mère.

Or, un jour, sa mère l'appela et lui dit :

"J'aimerais que tu ailles porter ce panier de galettes et ce petit pot de beurre à ta grand-mère qui est malade."

"Ne t'attarde pas en chemin, ajouta-t-elle. N'adresse la parole à personne et surtout ne t'éloigne pas du sentier !"

Le Petit Chaperon rouge promit d'obéir.

Comme sa grand-mère habitait de l'autre côté de la grande forêt, elle partit d'un pas vif, son petit panier sous le bras.

Bientôt, elle rencontra un grand loup.

"Bonjour, Petit Chaperon rouge, lui dit le loup. Où vas-tu avec tant de hâte ?"

Ignorant que le loup était une vilaine bête, elle lui répondit poliment :

"Je vais voir ma grand-mère qui est malade. Je lui apporte ce panier de galettes.

– Comme c'est gentil", dit le loup.

Mais il pensa :

"Quelle chance ! En me débrouillant bien, je vais pouvoir manger à la fois le Petit Chaperon rouge et sa grand-mère !"

Et il ajouta avec un grand sourire :

"La forêt est vraiment splendide ce matin ! Quel dommage que tu sois si pressée !"

Le Petit Chaperon rouge continua son chemin. Les rayons du soleil dansaient entre les arbres et une multitude de fleurs éclatantes se balançaient doucement dans le vent.

"Je suis sûre qu'un bouquet de ces jolies fleurs ferait très plaisir à ma grand-mère, pensa-t-elle. Il est tôt, j'ai sûrement le temps de m'arrêter un instant pour en cueillir."

Elle quitta alors le sentier pour gambader dans les bois. Pendant ce temps-là, évidemment, le loup courait à perdre haleine vers la maison de la grand-mère.

En arrivant, il frappa à la porte.

"Qui est là ? demanda la vieille dame.

– C'est moi, le Petit Chaperon rouge ! dit le loup en déguisant sa voix. Je t'ai apporté des galettes.

– Je suis trop malade pour sortir de mon lit, répondit-elle. Tire la chevillette, et la bobinette cherra."

Alors le vilain loup tira la chevillette et la porte s'ouvrit.

Puis il entra dans la maison, monta jusqu'à la chambre, grimpa sur le lit et avala tout rond la grand-mère car il n'avait rien mangé depuis trois jours.

Ensuite, il enfila une de ses chemises de nuit en flanelle, qui était bien trop petite pour lui, et une robe de chambre en laine. Il posa même sur son nez une paire de lunettes.

Il s'observa dans la glace. Comme on voyait trop ses grandes oreilles, il essaya de les cacher sous un bonnet de nuit en dentelle.

Ainsi accoutré, il prit place dans le lit, tira les couvertures sur son nez et attendit le Petit Chaperon rouge.

Le Petit Chaperon rouge était toujours en train de cueillir des fleurs dans la forêt. A chaque fois qu'elle en ramassait une, elle avait l'impression d'en voir une encore plus belle à côté. Et ainsi, elle s'éloignait toujours davantage.

Quand elle eut les bras si chargés qu'elle ne put en tenir plus, elle retourna sur le sentier et reprit le chemin de la maison de sa grand-mère.

En arrivant chez celle-ci, elle frappa à la porte.

"Qui est là ?

– C'est moi, Grand-mère, le Petit Chaperon rouge !

– Tire la chevillette, et la bobinette cherra", répondit le loup, adoucissant sa voix.

Le Petit Chaperon rouge tira la chevillette, et la porte s'ouvrit. "Elle doit être très malade", pensa le Petit Chaperon rouge en montant l'escalier qui menait à la chambre.

Là, elle s'assit à côté du lit. Comme sa grand-mère avait l'air bizarre !

"Oh ! Grand-mère ! Comme vous avez de grands yeux ! dit-elle.

– C'est pour mieux te voir, mon enfant !

– Oh, Grand-mère ! Comme vous avez de grandes oreilles ! continua-t-elle.

– C'est pour mieux t'entendre, mon enfant, dit le loup.

– Oh, Grand-mère ! Comme vous avez de grandes mains !

– C'est pour mieux t'embrasser, mon enfant !

– Oh, Grand-mère ! Comme vous avez de grandes dents !

– C'est pour mieux te manger, mon enfant !" s'écria le loup en ouvrant une large mâchoire.

Et en disant ces mots, il attrapa la petite fille et l'avala d'un coup !

Après cela, le ventre bien plein, il se mit à bâiller.

Le loup se recoucha alors dans le lit, tira la couverture sur sa tête et s'endormit presque aussitôt.

Il poussait des ronflements si sonores que toutes les vitres en tremblaient. Dans la soirée, un chasseur qui passait par là entendit ces ronflements.

"Voilà qui est surprenant, pensa-t-il.
La vieille dame ronfle bien fort aujourd'hui !
Je me demande si elle va bien."

Il se dirigea donc vers la maison et vit, à son immense surprise, que la porte était grande ouverte.

“Bonsoir ! Il y a quelqu’un ?” appela-t-il.

Mais personne ne répondit. Le vilain loup dormait trop profondément pour entendre quoi que ce soit.

“Il faut que je m’assure que tout est normal”, se dit le chasseur en montant l’escalier sur la pointe des pieds.

Les ronflements, de plus en plus forts, le guidèrent jusqu’au lit de la grand-mère.

Et là, il vit le loup.

"Ha, Ha ! dit-il. C'est donc toi qui ronfles si fort, coquin ! Voilà longtemps que je te cherche ; on dirait que je t'ai enfin trouvé !"

Le chasseur leva son fusil. Il était sur le point de tirer quand il lui vint à l'esprit que le loup avait peut-être mangé la vieille dame.

Il prit donc son couteau pour ouvrir le ventre de l'animal d'où sortirent le Petit Chaperon rouge et sa grand-mère, tout heureuses d'avoir été sauvées.

Ensuite, il remplit le ventre du loup de grosses pierres et le recousit. Quand ce dernier se réveilla et aperçut le chasseur, il essaya de se sauver. Mais les pierres étaient si lourdes qu'il tomba raide mort !

Enfin le chasseur, le Petit Chaperon rouge et sa grand-mère purent goûter les délicieuses galettes.

Bientôt, la grand-mère se sentit mieux et le Petit Chaperon rouge put rentrer chez elle.

A son retour, elle raconta à sa mère sa mésaventure.

“Je n’adresserai plus jamais la parole à des inconnus, ni ne m’éloignerai du chemin que tu m’auras conseillé. Je promets de ne plus te désobéir !” ajouta-t-elle.

Sa mère la serra dans ses bras et lui dit :

“J’en suis certaine ! ” Et en effet, elle avait raison !